Take Me to the Lakes

FRANKFURT EDITION

THE GENTLE TEMPER

Vorwort

Unbekannte Seenplatten mitten in Naturschutzgebieten, weitläufige Hügellandschaften, großflächige Wälder und dazwischen immer wieder Weinberge und ausgedehnte Obstwiesen – hier fühlen sich nicht nur rastende Zugvögel wohl, sondern auch Großstädter, die nach einer Auszeit vor der eigenen Haustür suchen. In unserer mittlerweile 13. Edition sind wir für *Take Me to the Lakes* in den bergigen Taunus und Hunsrück gereist, haben Badestellen im flachen Maintal ausfindig gemacht und an der sogenannten Riviera Deutschlands an der Bergstraße zwischen Weinreben, Pfirsichen und Feigen viele Sonnenstunden am Wasser verbracht.

Nachdem wir in den vergangenen Jahren bereits in allen Himmelsrichtungen in Deutschland unterwegs waren – rund um Berlin, Leipzig und Hamburg, Köln, Düsseldorf und München und im Schwarzwald –, haben wir diesen Sommer das Umland von Frankfurt am Main erkundet. Uns hat die Region mit ihrer Vielseitigkeit überrascht: Von den stadtnahen Erholungsgebieten am Main ging es in idyllische Kleinstädte mit verwinkelten Gässchen und alten Fachwerkhäusern, durch dünn besiedelte Landstriche, vorbei an Keltereien und Weingütern bis an die schönsten Seen im Norden, Osten, Süden und Westen der hessischen Metropole. Dabei haben wir immer wieder die Grenzen in die benachbarten Bundesländer passiert und sind auch mal durch Baden-Württemberg gefahren, an der bayerischen Seite des Mains oder am Rhein in Rheinland-Pfalz gelandet.

Am Walldorfer See haben wir nur 20 Autominuten vom Zentrum Frankfurts den Sonnenuntergang zwischen Heidekraut und hohem Schilfgras beobachtet. Im Taunus nördlich der Stadt sind Badeseen zwar rar, der malerisch gelegene Hattsteinweiher hat uns mit Steg, Sandstrand und natürlicher Ufervegetation dafür umso mehr begeistert.

Im Südwesten kann man sich im Rhein die Füße kühlen oder in der Seenlandschaft des Silbersees in türkis leuchtendem, glasklarem Wasser abtauchen. Beeindruckt hat uns auch der Baggersee Diez-Limburg im Nordwesten, wo man vor der Kulisse imposanter wild bewachsener Steilwände in einen smaragdgrünen Naturpool hüpfen kann. Und besonders abgeschieden haben wir uns am kleinen Waldsee Argenthal im Hunsrück gefühlt, nachdem wir uns auf dem Weg dorthin dank der gewundenen Landstraßen und vielen kleinen Weinkellereien fast wie in Frankreich gefühlt haben.

Und weil ein Tagesausflug manchmal nicht ausreicht, um den Kopf freizubekommen, haben wir für euch wieder besondere Unterkünfte für ein langes Wochenende in der Natur oder gleich einen ganzen Urlaub in Wassernähe gesucht. Dabei sind wir auf sieben Refugien gestoßen, in denen man zwischen Obstbäumen, mitten im Wald, direkt am See oder mit Blick auf die Weinberge entspannen kann. Durchdachte Architektenhäuser, eine umgebaute Kirche, nachhaltige Cabins, eine kulturdenkmalgeschützte Villa und ein familiäres Gästehaus laden im weiten Frankfurter Umland dazu ein, die eigene Umgebung kennenzulernen und bewusst zu erleben.

Unsere *Take Me to the Lakes*-Reihe ist inspiriert von unserer Begeisterung für Seen und die kleinen Ausflüchte aus der Stadt. In unseren Publikationen wollen wir die natürliche und kulturelle Vielfalt unserer Welt entdecken, erhalten und mit unseren Leserinnen und Lesern teilen. Als ästhetische Wegweiser sollen sie dazu anregen, immer mal wieder innezuhalten und sich eine Auszeit zu nehmen, um offen für Geschichten, Eindrücke und Emotionen zu bleiben.

OST

Anmerkungen

WEST

Die Seen sind ausgehend vom Frankfurter Zentrum nach Himmelsrichtungen geordnet. In den vier Kapiteln Norden, Osten, Süden und Westen stellen wir unterschiedliche Badeorte vor und beschreiben ihre Lage, Geschichte und Umgebung. Ergänzt werden die Informationen durch stilisierte Karten mit exakten Koordinaten für alle Badestellen. Nicht alle Badestellen sind offiziell ausgewiesen und manche können nur zu Fuß erreicht werden. Jedes Kapitel schließt mit unseren Lieblingsunterkünften mitten in der Natur ab. Um die Dauer der Anreise abschätzen zu können, führen wir unter den Texten die ungefähre Fahrzeit mit dem Auto und den öffentlichen Verkehrsmitteln (ÖV) in Minuten auf.

Gibt man die Geodaten bei Onlinekartendiensten wie Google Maps oder Open Street Map oder in die meisten Navigationssysteme ein, wird der direkte Weg zum Ufer angezeigt. Für die Anreise mit öffentlichen Verkehrsmitteln empfehlen wir die Webseiten der Deutschen Bahn und des Rhein-Main-Verkehrsverbunds.

Im Index sind alle Seen alphabetisch aufgeführt. Zusätzlich wurden die Seen nach den Eigenschaften ihrer Badestellen (d. h. Boots- und SUP-Board-Verleih, Camping, Schwimminseln, Strandbäder, Strände, Stege und Wiesen) sortiert, um das passende Ziel bequem zu finden. Weitere Informationen: *www.takemetothelakes.com*

Norden

Dutenhofener See

BADESTELLE
ı Am Badestrand

Eine knappe Stunde nördlich von Frankfurt befindet sich die Goethestadt Wetzlar. Neben verwinkelten Gässchen voller Fachwerkhäuser bietet das hübsche Städtchen an der Lahn am Stadtrand eine kleine Seenplatte gleich am Flussufer. Am Südsee freuen sich Sportbegeisterte über eine Wasserski- und Wakeboardanlage; der Dutenhofener See hingegen ist mit seinem Badestrand das Herzstück des Seengebiets.

Während im Naturschutzgebiet Lahnaue im Norden des Sees im Frühling und Herbst Kraniche und andere Zugvögel auf den offenen grünen Flächen rasten, kann man sich selbst am Badesee in einer der kleinen Buchten niederlassen oder sich am großen Badestrand oder auf der angrenzenden Liegewiese ausbreiten. Am seichten Wasser fühlt man sich zwischen leuchtendem Sand und kleinen Palmen beinahe wie im Italienurlaub.

Auto < 60 Min.; ÖV < 75 Min.

LAGE
72 km vom Frankfurter Zentrum
35582 Wetzlar
Anbindung an den ÖV: Dutenhofen (Wetzlar)

Entlang des Ufers

Wilde Wiesen entlang des Sees

Blick vom Strandbad auf den See

Weite Sicht

Ruhige Uferzonen

Weg zum See

Dutenhofener See

BADESTELLE
I Am Badestrand

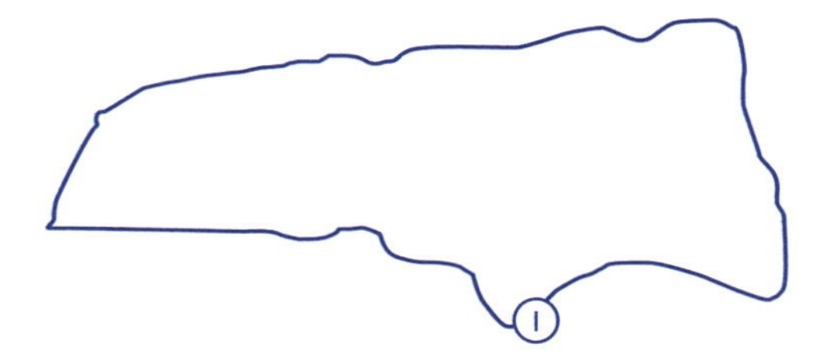

I: 50.565315, 8.611949

OST

Blick über den See

NORD

Gederner See

BADESTELLEN
I Die kleine Badebucht
II Das Strandbad am Campingplatz

Das Strandbad am Campingplatz

NORD

Gederner See

BADESTELLEN
I Die kleine Badebucht
II Das Strandbad am Campingplatz

WEST

Das Strandbad am Campingplatz

Blick auf den Sandstrand

Grüne Ufer entlang des Sees

Waldwege um den See

Entlang des Strandbads

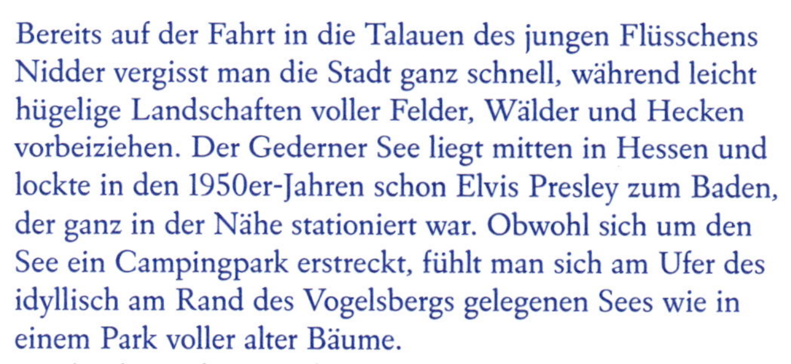

Bereits auf der Fahrt in die Talauen des jungen Flüsschens Nidder vergisst man die Stadt ganz schnell, während leicht hügelige Landschaften voller Felder, Wälder und Hecken vorbeiziehen. Der Gederner See liegt mitten in Hessen und lockte in den 1950er-Jahren schon Elvis Presley zum Baden, der ganz in der Nähe stationiert war. Obwohl sich um den See ein Campingpark erstreckt, fühlt man sich am Ufer des idyllisch am Rand des Vogelsbergs gelegenen Sees wie in einem Park voller alter Bäume.

An der Südspitze gibt es eine kleine Badebucht, am schönsten ist es aber im großen Strandbad am Westufer, wo das Wasser dank des hellen Sands kristallklar funkelt und eine sanft abfallende große Liegewiese zum Picknicken und Entspannen einlädt. Mit einem Boot kann man über den See treiben, bevor man auf dem Rundweg hinter jeder Kurve noch ein bisschen mehr Ruhe findet. Entlang des nahen Apfelweinwegs kann man bei einem längeren Aufenthalt die natürlichen Streuobstwiesen und Keltereien der Region erkunden.

Auto < 60 Min.; ÖV < 135 Min.

LAGE

72 km vom Frankfurter Zentrum
63688 Gedern
Anbindung an den ÖV: Pestalozzistraße, Gedern

Gederner See

BADESTELLEN

I Die kleine Badebucht

II Das Strandbad am Campingplatz

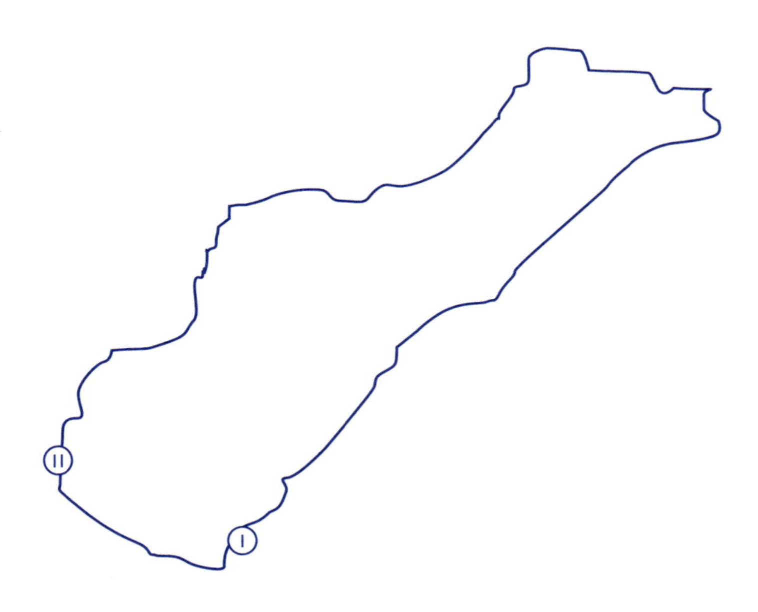

N
W O
S

I: 50.429569, 9.181172

II: 50.430385, 9.178490

Am Strandbad

Hattsteinweiher

BADESTELLE
I Die Strandbucht

Im Taunus nördlich von Frankfurt warten großflächige Wälder, spektakuläre Klippen und sattgrüne Wiesen. Lediglich Badeseen sind hier Mangelware. Dafür ist der einzige kleine See, in dem man sich abkühlen kann, ausgesprochen hübsch und malerisch gelegen. Der Hattsteinweiher am Rand der ehemaligen Residenzstadt Usingen wird bereits seit den 1870er-Jahren als Badesee genutzt. Heute kann man hier dank Steg und Sandstrand einen entspannten Badetag umgeben von alten Bäumen und natürlicher Ufervegetation verbringen.

Besonders erfrischend ist ein Bad in dem kleinen Weiher nach einer ausgedehnten Wanderung in der Umgebung. Empfehlenswert ist etwa eine Tour zu den Eschbacher Klippen im Norden der Stadt, wo man Kletterer beim Training beobachten oder sich selbst an einer Route versuchen kann.

Auto < 45 Min.; ÖV < 75 Min.

LAGE
38 km vom Frankfurter Zentrum
61250 Usingen
Anbindung an den ÖV: Usingen

Blick auf das grüne Ufer

Weicher Sand am Ufer

Die Strandbucht mit Steg

DLRG-Station am Ufer

Die Strandbucht

Hattsteinweiher

BADESTELLE

I Die Strandbucht

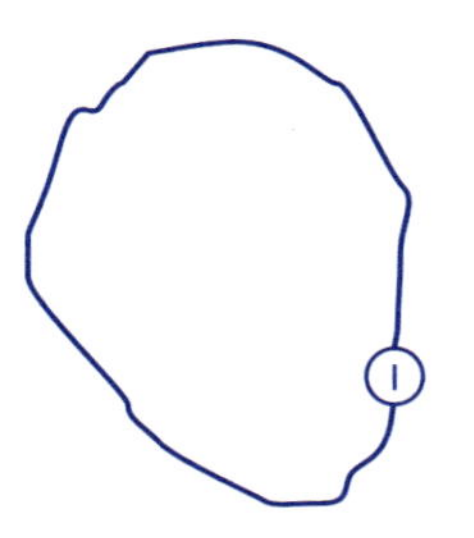

I: 50.343820, 8.507803

Steg an der Strandbucht

NORD

Licher Waldschwimmbad

BADESTELLE
| Das Waldschwimmbad

Sprungturm im Wasser

Liegefläche und Spielplatz

Das Waldschwimmbad

Kibbeling vom Kiosk

Blick auf den See

In diesem Naturschwimmbad steht eindeutig der See im Mittelpunkt: Vom Ufer gelangt man über Leitern und Treppen direkt ins tiefe Wasser. Abenteuerlustige können auch über die Rutsche ins Wasser sausen oder vom Sprungturm hineinhüpfen. Im „Herzen der Natur“ befindet sich nicht nur die lokale Brauerei, sondern auch das Licher Waldschwimmbad, in dem sogar das Markensymbol des Biers zu Hause ist: In den Ruhezonen im Wald um den See fühlt sich nämlich der auffällige Eisvogel wohl.

Auf der Liegewiese unterhalb des Imbisses und des promenadenartigen Ufers herrscht eine familiäre Atmosphäre. Hier mischen sich Frankfurter mit Einheimischen und Familien mit Sportbegeisterten. Nach einer Runde Plantschen im Kinderbecken oder einer Partie Beachvolleyball kann man sich am Kiosk mit einer Portion Kibbeling stärken.

Auto < 45 Min.; ÖV < 90 Min.

LAGE
65 km vom Frankfurter Zentrum
35423 Lich
Anbindung an den ÖV: Bürgerhaus, Lich

NORD

Licher Waldschwimmbad

BADESTELLE
I Das Waldschwimmbad

WEST

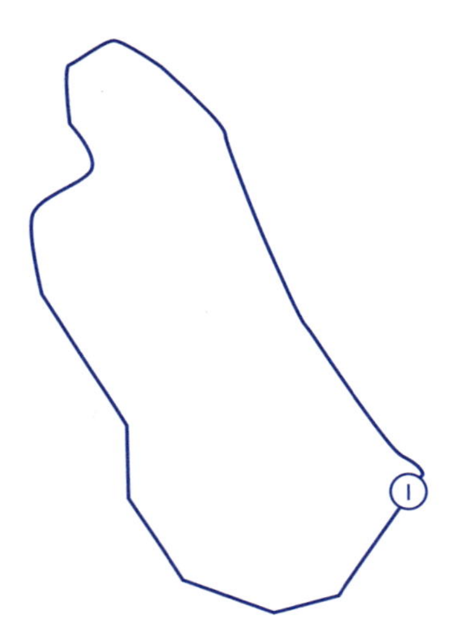

I: 50.529954, 8.814851

Nieder-Mooser See

BADESTELLE

1 Das Strandbad am Campingplatz

Blick vom Strandbad über den See

Nieder-Mooser See

BADESTELLE
I Das Strandbad am Campingplatz

In der dünn besiedelten Landschaft des waldreichen osthessischen Berglands an den Ausläufern des Vogelsbergs zeigt sich der glitzernde Nieder-Mooser See schon von Weitem. Der See und seine Umgebung bieten zahlreiche Möglichkeiten, um sich auf dem Wasser und an Land sportlich zu betätigen, ob beim Surfen, Stand-up-Paddeln, Kajakfahren, Segeln, Radfahren, Wandern, Angeln oder Longboarden.

Direkt am See gibt es für kleine Abenteurer sogar einen Geocachingpfad; und wer ein längeres Abenteuer sucht, kann den Vogelsberg – Europas größten erloschenen Vulkan – auf dem 125 Kilometer langen Vulkanring umrunden. Für einen entspannteren Seetag macht man es sich im Strandbad am Campingplatz gemütlich, in dem Spielplatz, Sandstrand und Nichtschwimmerbereich die kleinen Badegäste begeistern, während alle anderen von dem großen Steg direkt ins tiefere Wasser springen können.

Auto < 75 Min.; ÖV < 150 Min.

LAGE
89 km vom Frankfurter Zentrum
36399 Freiensteinau
Anbindung an den ÖV: Nieder-Moos Kirche, Freiensteinau

Blick vom Ufer

Das Strandbad am Campingplatz

Blick vom Steg

Auf dem Weg zum See

OST

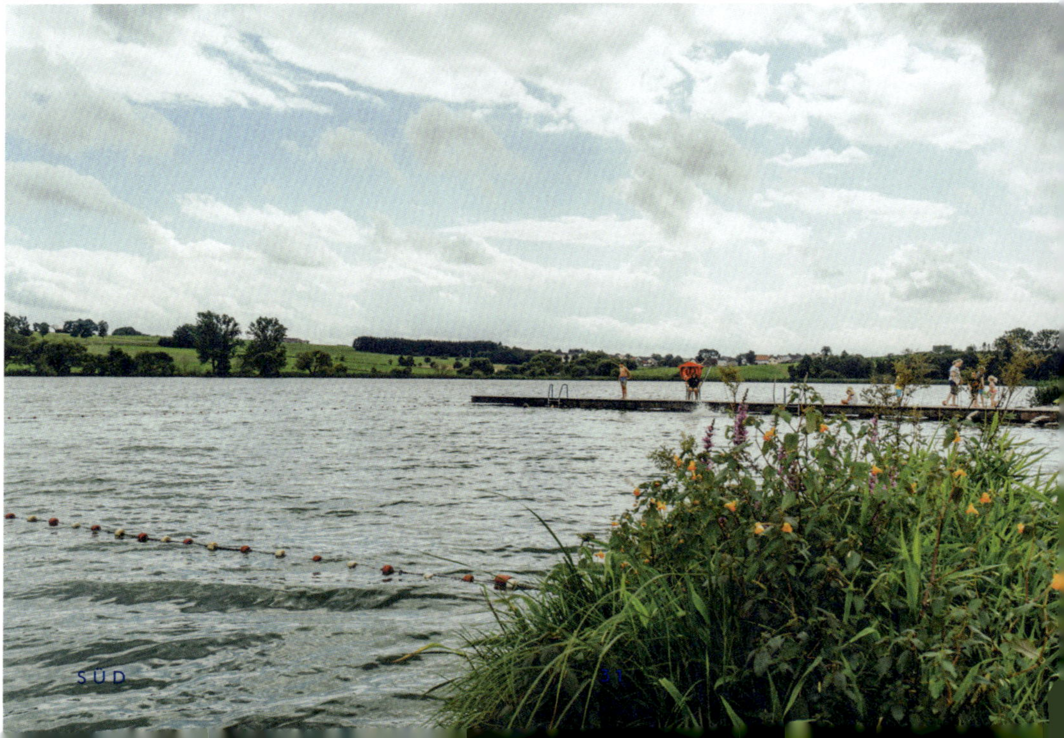

Blick über den See und Steg

Nieder-Mooser See

BADESTELLE

1 Das Strandbad am Campingplatz

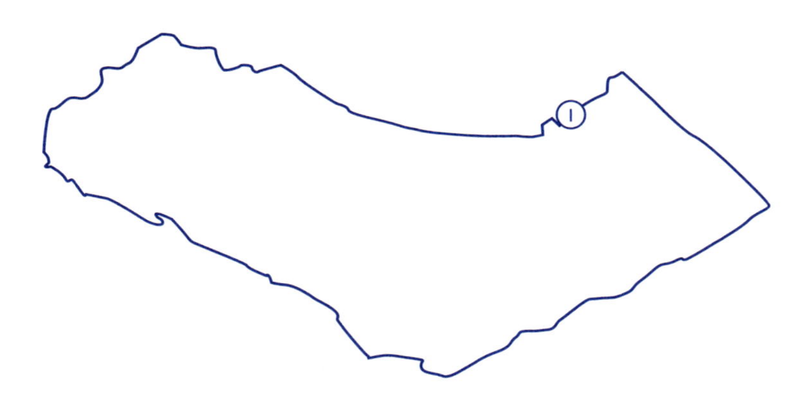

1: 50.465256, 9.375941

Waldsee Probbach

BADESTELLE

I An der Badebucht

An der Badebucht

NORD

Waldsee Probbach

BADESTELLE
| An der Badebucht

Weg zum See

WEST

Blick zur Badebucht

Blick auf die Badebucht mit Rutsche

Entlang des Sees

Klares Wasser und seichte Einstiege

Auf dem Weg in den Westerwald lohnt sich ein Zwischenstopp am Waldsee Probbach: Durch die dünn besiedelte Gegend fährt man auf sich windenden Straßen entlang von Wäldern, Wiesen und Feldern, bis man den gut überschaubaren Stausee nahe der Grenze zu Rheinland-Pfalz erreicht.

Ganz unerwartet liegt der kleine Waldsee fernab großer Flüsse und Baggerseen nahe des Dörfchens Probbach, das er ursprünglich vor Überschwemmungen schützen sollte. Heute kann man über einen kurzen Rundweg spazieren und dabei immer wieder ruhige Plätzchen zum Verweilen finden, ob am Zulauf des Faulbachs im Norden, am leicht abfallenden Ufer im Westen oder auf der Liegewiese. Auf Kinder wartet eine Bucht mit gelber Rutsche, einem Sandstrand zum Burgenbauen und einem abgetrennten Bereich, wo es sich im Sommer stundenlang im lauen Wasser toben lässt. Wem nach Ruhe ist, der findet ein kleines Stück weiter südlich noch eine sandige Bucht, in der man es sich bequem machen und die Libellen im Schilf beobachten kann.

Auto < 75 Min.; ÖV < 150 Min.

LAGE

98 km vom Frankfurter Zentrum

35794 Mengerskirchen

Anbindung an den ÖV: Probbach Ortsmitte, Mengerskirchen

NORD

Waldsee Probbach

BADESTELLE

I An der Badebucht

WEST

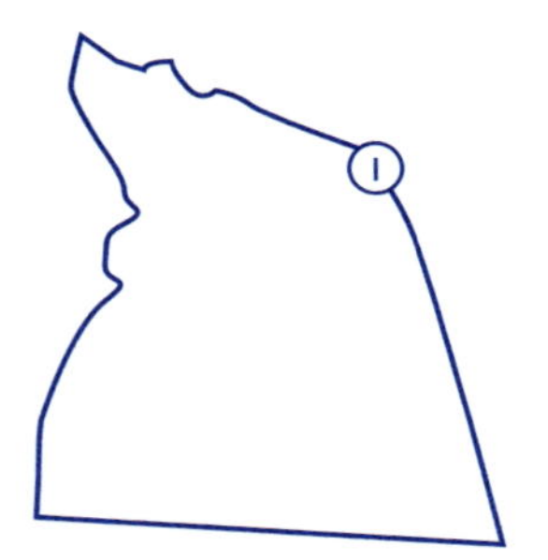

I: 50.551888, 8.191111

Liegewiese an der Badebucht

Weekender *Norden*

HAUS

Das Hilla

LAGE
200 km vom Frankfurter Zentrum
34132 Kassel
Anbindung an den ÖV: Zeche-Marie-Weg, Kassel

OST

Das Hilla

UMGEBUNG
A Bühlsee
B Edersee
C Fuldaaue
D Stellbergsee

2019 haben sich vier naturliebende Frauen aus der Stadt zusammengetan, um Gästen im Habichtswald bei Kassel einen ruhigen und inspirierenden Rückzugsort auf Zeit zu bieten.

Das Hilla ist eine kulturdenkmalgeschützte sanierte Villa mit elf individuellen Schlafzimmern für insgesamt 20 Gäste, einer großzügigen Küche sowie weiteren Gemeinschaftsräumen, die für Tagungen, Retreats oder Familientreffen genutzt werden können. In den sogenannten Open Weeks werden auch einzelne Zimmer vermietet. Das Kaminzimmer fühlt sich dank des Dielenbodens, der weichen Sofas und einer Auswahl von Büchern an wie ein richtiges Wohnzimmer, während sich der Seminarraum je nach Wahl in ein Yogastudio, einen Co-Working-Space oder ein Esszimmer verwandelt.

In Halb- oder Vollpension wird man mit vegetarischen Gerichten aus frischen, regionalen Produkten verwöhnt. Auf den Terrassen findet ein ausgedehntes Frühstück statt, bevor man zu einem Badeausflug an den Bühlsee, den Edersee, die Fuldaaue oder den Stellbergsee aufbricht. Zu Fuß kann man den umgebenden Wald, den Garten und die Obstbaumwiese oder das UNESCO-Weltkulturerbe im Bergpark Wilhelmshöhe erkunden, wo neben verschiedenen Wasserspielen auch Gewächshäuser und Museen warten.

Auto < 135 Min.; ÖV < 120 Min.

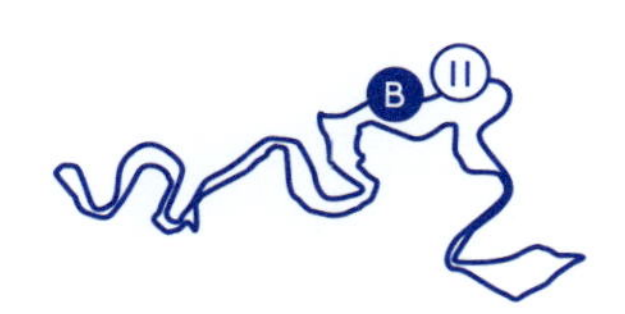

BADESTELLEN

I: 51.357736, 9.384743

II: 51.198724, 9.045938

III: 51.291592, 9.502787

IV: 51.213101, 9.553287

SÜD

Gastgeberinnen: Jennifer Aehlen und Lara Goebel
Zeche-Marie-Weg 30, 34132 Kassel
+49 179 4872813
Haustiere sind nicht erlaubt.

info@dashilla.de
www.dashilla.com

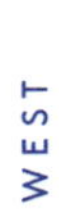

SÜD

HAUS

Luchs Lindenberg

OST

LAGE
25 km vom Frankfurter Zentrum
61350 Bad Homburg vor der Höhe
Anbindung an den ÖV: -

SÜD

Luchs Lindenberg

UMGEBUNG
A Hattsteinweiher
B Waldschwimmbad Kronberg

Ganz wie sein Namenspate, die scheue, einzelgängerische Wildkatze, versteckt sich auch das Luchs Lindenberg mitten im Wald. Nur wenige Kilometer nördlich von Frankfurt hat das Wohnkollektiv Lindenberg gemeinsam mit dem Frankfurter Designstudio Aberja ein Fachwerkhaus aus dem Jahr 1903 in einen verwunschenen, naturnahen Rückzugsort verwandelt.

Auf knapp 70 Quadratmetern kommen bis zu drei Gäste in den von einer reduzierten Zen-Ästhetik und der Atmosphäre des Waldes inspirierten Räumen unter. Morgens rollt man im weitläufigen, blühenden Garten eine der Yogamatten aus und springt in den Naturpool. Danach kann man die grünen Wiesen und Wälder der Umgebung zu Fuß oder mit den Leihfahrrädern erkunden und dem Hattsteinweiher oder dem Waldschwimmbad Kronberg einen Besuch abstatten.

Wer diesen Ort der Ruhe und Geborgenheit während seines Urlaubs gar nicht verlassen will, kann sich in der Küche mit selbst gesammelten Wildkräutern und Obst und Gemüse aus den nahen Permakulturgärten bekochen oder den veganen Einkaufsservice nutzen. Während man in der Dämmerung eine Flasche aus dem Weinkeller auf dem Grundstück holt, begegnet man vielleicht noch einem verirrten Reh im Garten, ehe man sich am knisternden Feuer des Kachelofens entspannt und sich auf einen Besuch bei den Honigbienen, ein Picknick oder eine Partie Badminton am nächsten Tag freut.

Auto < 45 Min.; ÖV < - Min.

A I

OST

LUCHS LINDENBERG

BADESTELLEN

I: 50.343820, 8.507803

II: 50.191846, 8.508324

SÜD

WEST

Gastgeber: Nils Jansen
61350 Bad Homburg vor der Höhe
+49 176 56935902
Haustiere sind erlaubt.

luchs@thelindenberg.com
www.thelindenberg.com

Osten

Badesee Hainburg

BADESTELLE
1 Das Strandbad

Blick über den See

Badesee Hainburg

BADESTELLE
I Das Strandbad

Die Mainlandschaften zwischen Frankfurt und Hainburg sind so dicht besiedelt, dass man kaum bemerkt, wo der Speckgürtel aufhört und das Umland beginnt. Spätestens wenn man das Strandbad des Badesees Hainburg in den Mainauen kurz vor der bayerischen Grenze erreicht, hat man den Großstadttrubel aber hinter sich gelassen.

Die wenigen Besucher verteilen sich auf den parkähnlich angelegten Liegewiesen, entspannen auf den beiden Holzstegen mit Blick auf die sumpfige Ufervegetation auf der gegenüberliegenden Seite oder lassen sich auf der Terrasse des Kiosks eine kleine Stärkung schmecken. Von den Stegen kann man direkt ins tiefere Wasser gleiten, während im Nichtschwimmerbereich weiter vorn Kleinkinder unter Aufsicht ihrer Eltern plantschen. Einen erholsamen Tag am See beendet man mit einem kleinen Streifzug an den Main, um das bayerische Ufer auf der anderen Seite zu grüßen.

Auto < 45 Min.; ÖV < 60 Min.

LAGE
30 km vom Frankfurter Zentrum
63512 Hainburg
Anbindung an den ÖV: Klein-Krotzenburg Ostring, Hainburg

Das Strandbad

Lange Stege führen über den See

Am Steg

Schwimmender Ponton auf dem See

Badesee Hainburg

BADESTELLE
1 Das Strandbad

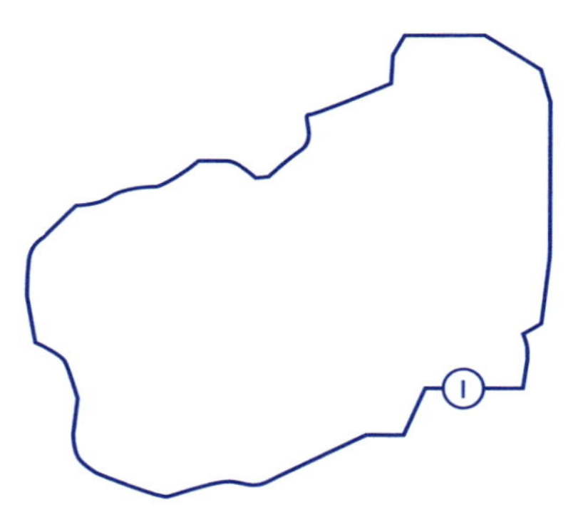

1: 50.065249, 8.974667

Blick zum Strandbad

Badesee Mainflingen

BADESTELLEN
I Der Strand am Campingplatz
II An den Stegen

Blick vom Strand am Campingplatz

Blick über den See

Entspannen am Ufer

Klares Wasser

An den Stegen

OST

Am Wochenende zieht es Erholungssuchende aus der ganzen Region an die Mainhäuser Seen. Dazu gehören unter anderem die vier Mainflinger Seen: ein Badesee, ein Anglersee und zwei geschützte Seen. Am Badesee warten neben einer satt grünen Liegewiese unterhalb von Birken und Weiden auch Picknickecken und ein Restaurant mit einer großen Terrasse mit Seeblick, auf der man sich ein erfrischendes Gläschen des berühmten hessischen Apfelweins gönnen sollte.

Das angrenzende Naturschutzgebiet, in dem früher Ton und Kies abgebaut wurden, lädt zu einem Spaziergang Richtung Main ein. Heute lassen sich hier Vögel und die Spiegelung der vorbeiziehenden Wolken im stillen Seewasser beobachten. Zwar geht es am Badesee etwas geschäftiger zu, trotzdem kann man auf der Liegewiese am Hang und am Sandstrand des Campingplatzes einen erholsamen Tag verbringen, sich auf den Stegen unterhalb des Hangs sonnen und sich im klaren Wasser abkühlen.

Auto < 45 Min.; ÖV < 60 Min.

LAGE

38 km vom Frankfurter Zentrum

63533 Mainhausen

Anbindung an den ÖV: Mainflingen Kettelerstraße, Mainhausen

Badesee Mainflingen

BADESTELLEN

I Der Strand am Campingplatz

II An den Stegen

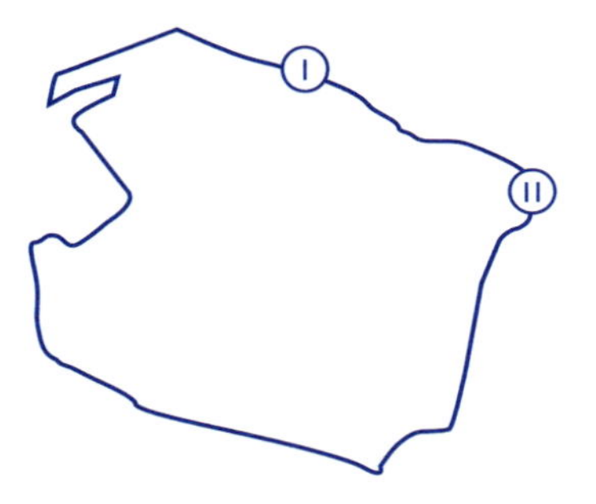

I: 50.023330, 9.018770

II: 50.022550, 9.020868

Der Strand am Campingplatz

Badesee Niedernberg

BADESTELLEN
I Strandbad Honisch Beach
II Die Buchten am Ostufer

Blick über den See

Badesee Niedernberg

BADESTELLEN
I Strandbad Honisch Beach
II Die Buchten am Ostufer

Der Badesee Niedernberg und die umgebende Seenlandschaft verstecken sich südöstlich von Frankfurt im flachen Maintal zwischen den sanft geschwungenen Hügeln des Odenwalds auf der einen und dem bayerischen Spessart auf der anderen Seite. Familien und Wassersportler schätzen das meist gut besuchte Strandbad Honisch Beach, das neben einem riesigen Sandstrand mit einfachem Einstieg auch einen SUP-Verleih bietet. Wer mit dem Rad oder zu Fuß kommt, erhält gratis Zutritt, Autofahrer zahlen eine kleine Parkgebühr.

Ein kieseliger Rundweg erschließt das Ostufer des Sees, wo die Zivilisation zwischen den Bäumen ganz weit weg erscheint. Auf einer Bank oder in einer der kleinen, abgeschiedenen Badebuchten macht man es sich gemütlich, liest ein Buch oder genießt die malerische Aussicht auf den Odenwald in der Ferne. Nach dem Baden spaziert man über den Pfad entlang des Mains mit Blick auf die Mainauen gegenüber, die als die letzten naturnahen Uferbereiche des Untermains gelten.

Auto < 60 Min.; ÖV < 90 Min.

LAGE
52 km vom Frankfurter Zentrum
63843 Niedernberg
Anbindung an den ÖV: Hans-Hermann-Halle, Niedernberg

Die Buchten am Ostufer

Entlang des Ufers

Glasklares Wasser

Blick von den Buchten am Ostufer

Ein der Buchten am Ostufer

Badesee Niedernberg

BADESTELLEN

I Strandbad Honisch Beach

II Die Buchten am Ostufer

WEST

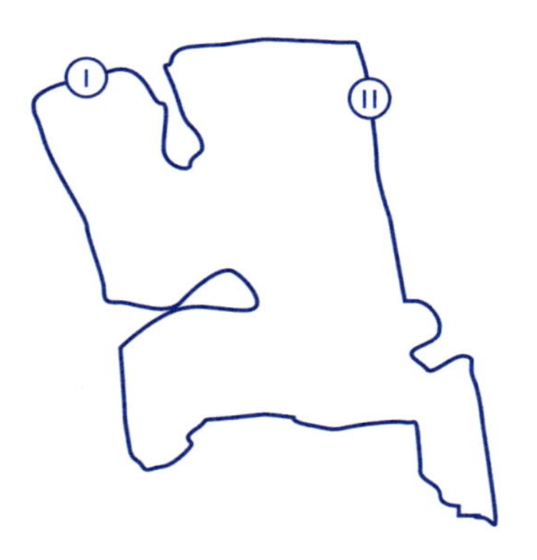

I: 49.902086, 9.135476

II: 49.901489, 9.136048

Blick von den Buchten am Ostufer

Klostersee Triefenstein

BADESTELLEN
I Die große Liegewiese
II Die FKK-Halbinsel

Blick von der FKK-Halbinsel

Klostersee Triefenstein

BADESTELLEN

I Die große Liegewiese
II Die FKK-Halbinsel

Die große Liegewiese

Umliegende Landschaft

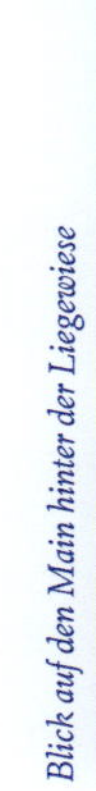
Blick auf den Main hinter der Liegewiese

Weg zum See

Um in dieser ehemaligen Kiesgrube im unterfränkischen Maintal ganz in Ruhe zu baden, nimmt man die etwas längere Anfahrt von Frankfurt vorbei an Wäldern und flachen Bergen gern in Kauf. Kurz vor der Ankunft am Klostersee passiert man das namensgebende Kloster Triefenstein, das mit einer beeindruckenden Barockkirche aufwartet. Zwischen Obstbäumen kann man das Auto auf einem großzügigen Parkplatz abstellen und am Mainufer entlang zum See spazieren.

Auf der großen Liegewiese im Süden breitet man seine Decke unter einer der hohen Weiden aus, holt sich ein kaltes Getränk am Kiosk und lässt den Blick über die steilen Weinhänge am Main schweifen. Am Nordufer kann man sich unbekleidet sonnen, das Westufer ist geschützt und dem örtlichen Angelverein vorbehalten. Hier gibt es einen netten kleinen Biergarten, in dem ein Sonntag am See seinen gebührenden Abschluss findet. Westlich von Triefenstein lädt der Mainzufluss Klingelsbachgraben mit seiner kleinen grünen Schlucht und dem „triefenden Stein“ zu einem längeren Ausflug.

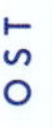

Auto < 60 Min.; ÖV < 105 Min.

LAGE

87 km vom Frankfurter Zentrum
97855 Triefenstein
Anbindung an den ÖV: Lengfurt Post, Triefenstein

Klostersee Triefenstein

BADESTELLEN

I Die große Liegewiese

II Die FKK-Halbinsel

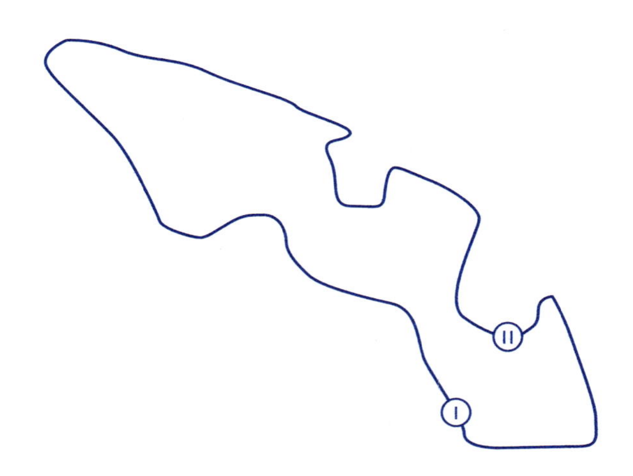

I: 49.801452, 9.616570

II: 49.802399, 9.617290

Blick über den See und die Liegewiese

Königsee Zellhausen

BADESTELLE
1 Das Strandbad

Steg am Strandbad

OST

Königsee Zellhausen

BADESTELLE
| Das Strandbad

Nur wenige Kilometer neben dem Main befindet sich der beschauliche Königsee. An sonnigen Sommerwochenenden kommt man am besten früh, denn der Badesee ist beliebt. Schwimmen ist nur im Strandbad erlaubt, das dank seines ausgedehnten Sandstrands und der riesigen Liegewiese mit schattenspendenden Bäumen aber ausreichend Platz bietet. Familien mit kleinen Kindern freuen sich über den flachen Einstieg in das klare türkisgrüne Wasser.

Wer gern textilfrei badet, zahlt die kleine Gebühr für das Strandbad ebenfalls gern, um sich im FKK-Bereich ungestört zu sonnen. Wenn man die Umgebung entdecken möchte, lohnt sich ein Abstecher in das Waldgebiet rund um den nahen Schleifbach, den Biber gut sichtbar zu ihrem Lebensraum auserkoren haben. Nach einer Portion Pommes und ein paar letzten Zügen im schwindenden Abendlicht verrät ein Blick auf die alte Schuluhr schließlich, dass es langsam Zeit für den Heimweg wird.

WEST

Auto < 45 Min.; ÖV < 45 Min.

LAGE
39 km vom Frankfurter Zentrum
63533 Mainhausen
Anbindung an den ÖV: Mainhausen Zellhausen

Weg entlang des Ufers

Blick über den See

Seichter Einstieg am Strandbad

Weg zum See

Sandiges Ufer und klares Wasser

Königsee Zellhausen

BADESTELLE
1 Das Strandbad

WEST

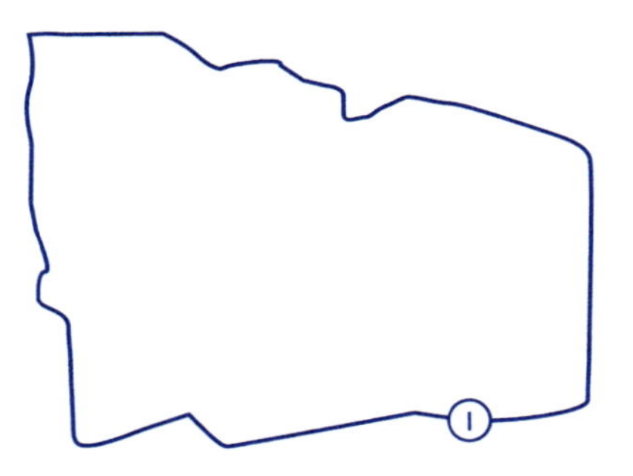

1: 50.021681, 8.996807

Blick über den See

WEST

Weekender *Osten*

Das Haus am See 86

OST

HAUS

Das Haus am See

LAGE
184 km vom Frankfurter Zentrum
97488 Stadtlauringen
Anbindung an den ÖV: Ellertshäuser See, Stadtlauringen

Das Haus am See

UMGEBUNG
A Ellertshäuser See

Ein Wochenendtrip im Frankfurter Osten führt hinter dem Main gleich ins benachbarte Bundesland Bayern, wo ein Architektenhaus am See aus den 60er-Jahren wartet.

Man kann direkt nach dem Aufstehen in den Ellertshäuser See springen, den größten Stausee Unterfrankens, oder mit einem Becher Kaffee, den man sich zuvor in der alten Kaffeemühle selbst gemahlen hat, durch den Garten wandeln und den Geruch von Holunder, Lavendel und Rosmarin einatmen. Sollte der Partner noch schlafen, kommt man mit ein paar frisch gepflückten Himbeeren und Blumen ans Bett und ruft zu einer Runde Morgenyoga auf der Holzterrasse. Mit den bereitstehenden Fahrrädern und dem handgeschriebenen Reiseführer geht es auf zu einer Entdeckungstour, bei der man Halt in einer der typischen Heckenwirtschaften der Region und einem der kleinen fränkischen Hofläden machen sollte.

Wer fit und kunstinteressiert ist, fährt bis zum Museum Georg Schäfer oder zur Kunsthalle in Schweinfurt. Abends kann man dann in einem Buch aus der wohlkuratierten Auswahl schmökern. Im Winter bieten sich dafür die Kuschelecke mit selbst genähten Kissen und Schwedenofen unter der schwebenden Treppe oder die frei stehende Badewanne im Obergeschoss an; im Sommer schmiegt man sich zum Sternegucken in die runden Korbsessel auf der Terrasse.

Auto < 120 Min.; ÖV < 180 Min.

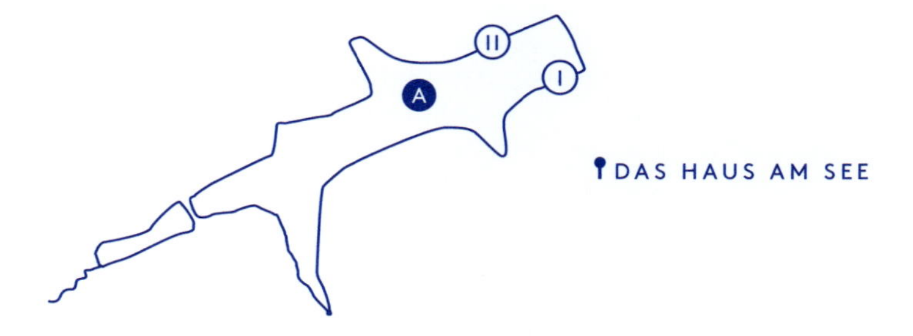

BADESTELLEN

I: 50.149163, 10.382790

II: 50.150294, 10.378428

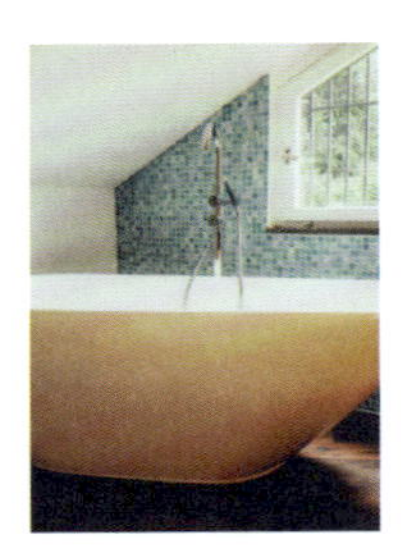

Gastgeber: Teresa Vogt und Florian Hau
Hasenweg 3, 97488 Stadtlauringen
Haustiere sind auf Anfrage erlaubt.

vogt.teresa@gmail.com
www.dashausamsee.net

Süden

Arheilger Mühlchen

BADESTELLE
I Das Naturschwimmbad

Am nördlichen Rand der ehemaligen Residenzstadt Darmstadt spielen kleine Kinder auf einer großen Liegewiese, während Senioren im aufgestauten Ruthsenbach, bekannt als Mühlchen, gemächlich ihre Bahnen ziehen und mutige Teenager vom federnden Sprungbrett direkt ins Wasser des Naturschwimmbads hüpfen.

Seit 1924 entfliehen Darmstädter aller Generationen hier dem Trubel der Innenstadt, um sich zwischen den alten Bäumen des gepflegten Parks und den mittlerweile nach historischem Vorbild restaurierten Umkleiden wie im Urlaub zu fühlen. Wenn man den Badetag dann noch mit einer Portion Pommes vom Kiosk abschließt, kann man erholt und wohlgenährt den Heimweg antreten.

Auto < 45 Min.; ÖV < 45 Min.

LAGE
29 km vom Frankfurter Zentrum
64291 Darmstadt
Anbindung an den ÖV: Kranichstein Bahnhof, Darmstadt

Entlang des Wegs zum See

Blick über das Naturschwimmbad

Das Naturschwimmbad

Einstieg am Schwimmbad

Blick zum Sprungturm

Arheilger Mühlchen

BADESTELLE

1 Das Naturschwimmbad

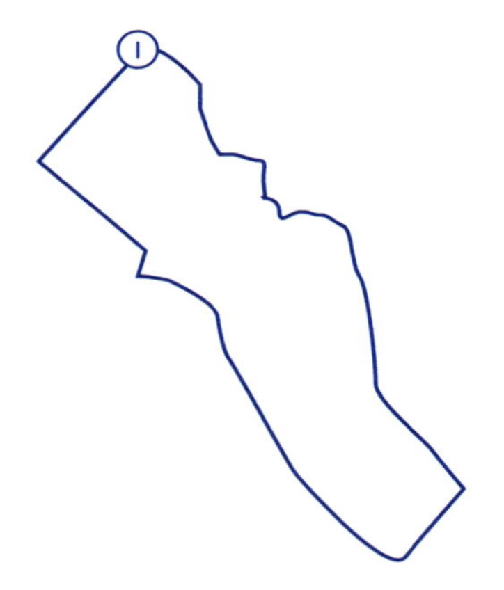

1: 49.904747, 8.671303

Wunderlicher Steinblock

Badesee Bensheim

BADESTELLE
1 Das Strandbad

Blick auf das Strandbad

Badesee Bensheim

BADESTELLE
| Das Strandbad

Klares Wasser

Blick auf See und Ponton

Wiese am Strandbad

Das Strandbad

An der Bergstraße, die von Südhessen über Heidelberg bis nach Nordbaden führt, liegt zwischen Rhein und Odenwald das gut angebundene Städtchen Bensheim. Dank des besonders milden Klimas entlang dieser Straße gedeihen an der sogenannten Riviera Deutschlands neben Wein sogar Feigen und Pfirsiche.

Die vielen Sonnenstunden machen natürlich auch Strandbäder unverzichtbar: Der Badesee in Bensheim ist aufgrund seiner zentralen Lage ziemlich beliebt, bietet mit seinem breiten Sandstrand, der parkähnlichen Liegewiese und dem großen Kiosk dafür aber auch reichlich Platz. Ein Tiefenbelüfter sorgt für kontinuierlich hervorragende Wasserqualität, sodass man sich nach einem ausgiebigen Sonnenbad vom Handtuch auf der Wiese oder einem der Holzdecks bedenkenlos ins Wasser stürzen und mit Blick auf den Odenwald am Horizont ein paar Runden durch den sieben Hektar großen Naturbadesee schwimmen kann.

Auto < 60 Min.; ÖV < 45 Min.

LAGE
55 km vom Frankfurter Zentrum
64625 Bensheim
Anbindung an den ÖV: Bensheim

NORD

Badesee Bensheim

BADESTELLE
1 Das Strandbad

WEST

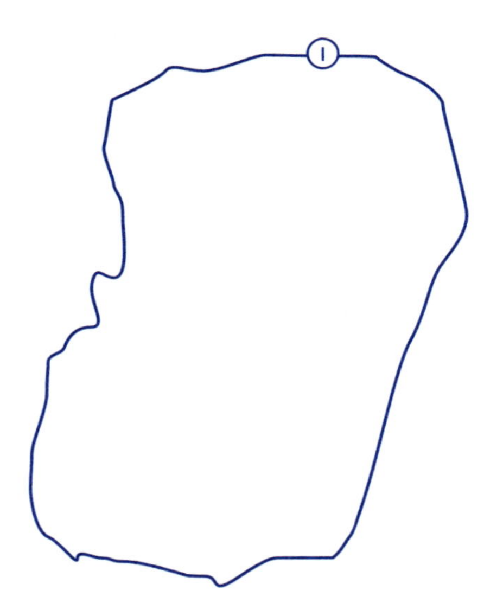

1: 49.687369, 8.604173

Schwimmen umgeben vom Grün der Ufer

Binsfelder Seen

BADESTELLEN
I Am Strand
II Auf der Landzunge

Auf dem Gebiet eines versumpften Altrheinarms voller Binsen an der Grenze von Rheinland-Pfalz und Baden-Württemberg entstand vor vielen Jahren eine Reihe von Seen zur Kiesgewinnung. Mittlerweile sind sie als Naherholungsgebiet öffentlich zugänglich. Zum Schutz der wilden Fauna und Flora ist das Baden jedoch nur im zentralen Binsfeldsee und im Kuhuntersee erlaubt, die durch einen schmalen Durchstich der Landzunge miteinander verbunden sind.

Vom Parkplatz im Norden folgt man dem Weg, bis man rechts zum Strand abbiegt, oder läuft weiter am Ufer entlang, wo bei Hochwasser teils steile Pfade hinab zum Wasser führen, die zwar etwas abenteuerlich sind, dafür aber viele ungestörte Plätzchen für ruhesuchende Ausflügler bieten. Ein weiterer Parkplatz befindet sich im Süden ganz in der Nähe des Hundestrands am Kuhuntersee. Wer auf Entdeckungstour geht, findet an beiden Baggerseen viele Badestellen mit kristallklarem, türkisblauem Wasser.

Auto < 60 Min.; ÖV < 120 Min.

LAGE
100 km vom Frankfurter Zentrum
67166 Otterstadt
Anbindung an den ÖV: Kreuz, Otterstadt

Blick auf den Strand

Eine wilde Bucht

OST

Flache Einstiege

Auf der Landzunge

SÜD

Binsfelder Seen

BADESTELLEN
I Am Strand
II Auf der Landzunge

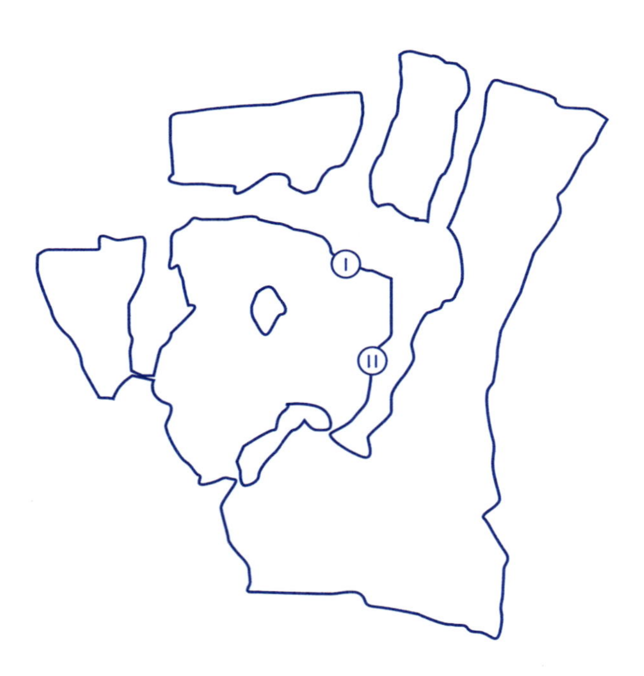

I: 49.359620, 8.456701
II: 49.802399, 9.617290

Versteckte Einstiege am wilden Ufer

Grube Prinz von Hessen

BADESTELLE
I Der Strand im Wald

Grube Prinz von Hessen

BADESTELLE
| Der Strand im Wald

Versteckte Einstiege

Weg zum See

Der See umgeben von Wald

Blick auf den Strand im Wald

Dass an diesem lauschigen Waldsee inmitten uralter Buchenwälder vor etwa hundert Jahren Braunkohle gefördert wurde, kann man sich an einem warmen Sommertag heute kaum noch vorstellen. Auf der großen Liegewiese neben dem Strand tummeln sich dann die Besucher aus dem nahen Darmstadt, um den Rundumblick und die sonnige Lage zu genießen. Auch Nichtschwimmer fühlen sich hier im seichten, klaren Uferwasser sicher, am Wochenende passt sogar der DLRG auf.

Ruhigere Plätzchen mit Wasserzugang gibt es überall entlang des Sees. Ganz in der Nähe der Grube Prinz von Hessen befindet sich die ehemalige Grube Messel, heute bekannt als UNESCO-Weltnaturerbe, wo man als Abschluss eines schönen Ausflugs spektakuläre Fossilienfunde besichtigen kann.

Auto < 45 Min.; ÖV < 60 Min.

LAGE

32 km vom Frankfurter Zentrum
64287 Darmstadt
Anbindung an den ÖV: Kranichstein Grube Prinz von Hessen, Darmstadt

Grube Prinz von Hessen

BADESTELLE

1 Der Strand im Wald

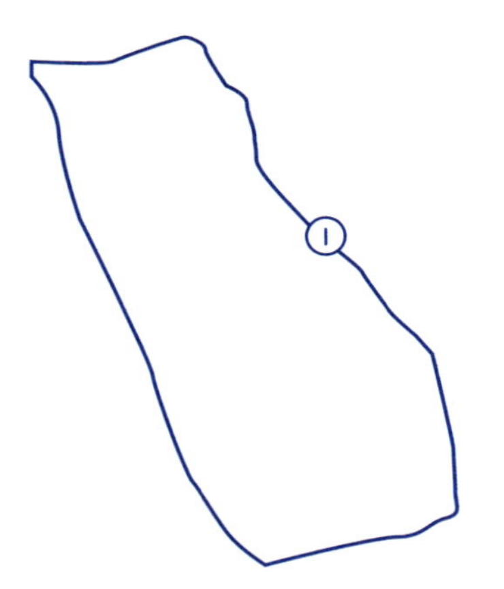

1: 49.900398, 8.734584

Marxweiher

BADESTELLE
ı Die Liegewiese

In der wasserreichen Landschaft um den Rhein zwischen Heidelberg, Mannheim und Speyer findet man zwischen Altrheinarmen und Auwäldern zahlreiche Badeseen, die sich als Erfrischungsstopps bei einer sommerlichen Radtour anbieten.

Der Marxweiher zwischen den Orten Waldsee und Altrip ist ein recht großer See ohne viele Extras, an dem sich dank des klaren, sauberen Wassers neben vielen kleinen Fischen, Enten und Schwänen auch Familien und Taucher wohlfühlen. Nach einer Erfrischung im flach abfallenden See lässt man sich auf der Liegewiese trocknen, bevor man sich wieder aufs Rad schwingt und die ursprünglichen Altrheinarme nördlich und südlich des Marxweihers erkundet, die je nach Wasserstand ganz unterschiedlich anmuten, teils verlandet sind oder sich noch direkt aus dem Rhein speisen.

Auto < 75 Min.; ÖV < - Min.

LAGE
107 km vom Frankfurter Zentrum
67165 Waldsee
Anbindung an den ÖV: -

Blick über die Liegewiese

Klares Wasser und sandige Böden

Weiter Blick über den See

Klares Wasser

Marxweiher

BADESTELLE
I Die Liegewiese

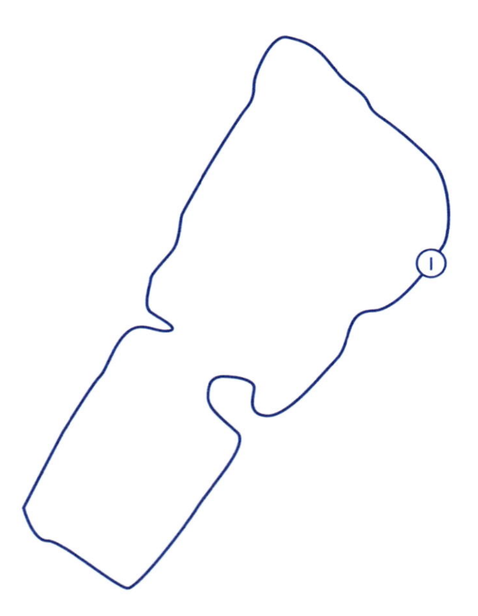

I: 49.406194, 8.489947

Rhein

BADESTELLE

1 Strandbad Oppenheim

Weg entlang des grünen Ufers

Kieselstrand mit Muscheln

WEST

Blick über das Strandbad Oppenheim

Am Strandbad Oppenheim

Entlang des Ufers

Dass der Rhein Südseeatmosphäre verbreiten kann, beweist er im Strandbad Oppenheim, das mitten in einem Naturschutzgebiet liegt. Vom Schwimmen im strahlend blauen Wasser des Flusses, der an dieser Stelle eine weite Kurve mit breiten Kiesbänken und sandigen Zugängen beschreibt, wird aufgrund der starken Strömung und des regen Schiffsverkehrs zwar abgeraten, im seichten Uferwasser kann man aber wunderbar plantschen und sich die Füße abkühlen.

Insbesondere zu Stoßzeiten sollte man am besten mit dem Rad oder der Bahn anreisen. Der etwa zwei Kilometer lange Weg vom Oppenheimer Bahnhof führt durch ein idyllisches Wäldchen, das die Ortschaft von dem Flussknie trennt. Am Ziel findet man neben einer großzügigen Liegewiese unter alten Bäumen einen Sand- und Kiesstrand, Umkleidekabinen und ein Restaurant vor. Wer mit tierischem Begleiter unterwegs ist, freut sich über den nahen Hundestrand, von dem aus man die Flusslandschaft bei einem ausgedehnten Spaziergang erkunden kann.

Auto < 60 Min.; ÖV < 60 Min.

LAGE

53 km vom Frankfurter Zentrum
55276 Oppenheim
Anbindung an den ÖV: Oppenheim

NORD

Rhein

BADESTELLE

I Strandbad Oppenheim

WEST

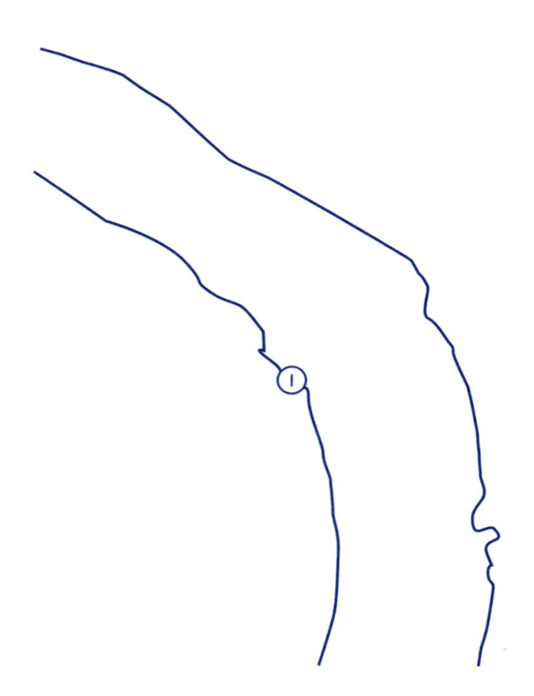

I: 49.856164, 8.380868

OST

SÜD

Braune Ki[illegible] am Strandbad

Riedsee

BADESTELLE
I Das Strandbad

Einen sorglosen Tag am See in der Rheinebene im Süden Frankfurts beschert das vielseitige Angebot am Riedsee, der mit Sandstrand, Spielplatz, Kioskbüdchen, Palmen und verschiedenen Pontons aufwartet. An ruhigeren Tagen kann man von den Buchten aus mit dem SUP durch den Schilfbewuchs auf den weiten See hinauspaddeln und den Betrieb im Strandbad beobachten oder in Richtung des Südufers treiben. Der Strand mit DLRG-Stelle befindet sich gleich um die Ecke.

Entspannter geht es auf der großzügigen Liegewiese zu, wo sich die Gäste des angrenzenden Campingplatzes sonnen. Hier breitet man sich nach der Tour mit dem SUP unter einem der hohen Bäume aus und legt ein Mittagsschläfchen ein, bevor man sich beim Beachvolleyball verausgabt oder eine große Runde schwimmen geht.

Auto < 60 Min.; ÖV < 60 Min.

LAGE
45 km vom Frankfurter Zentrum
64560 Riedstadt
Anbindung an den ÖV: Leeheim Geinsheimer Straße, Riedstadt

Blick auf den See

Blick auf das grüne Ufer

Das Strandbad

OST

Das Ufer am Strandbad

Riedsee

BADESTELLE
1 Das Strandbad

WEST

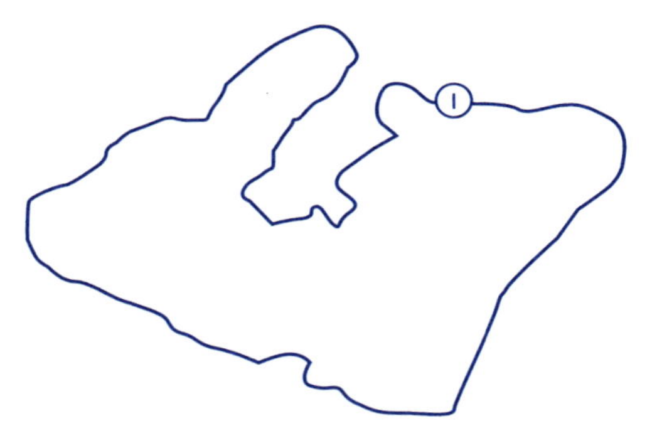

N
W O
S

1: 49.860223, 8.423273

Klares Wasser und seichte Einstiege

Silbersee

BADESTELLEN

I Der Badestrand

II Die kleinen Buchten

Blick von den kleinen

Silbersee

BADESTELLEN
I Der Badestrand
II Die kleinen Buchten

WEST

Weg zum See

Wilde Ufer

Entlang der kleinen Buchten

Klares Wasser

Die weitläufige Seenlandschaft des Silbersees besteht aus einem ehemaligen Baggersee und einer einstigen Flussschlinge des Rheins, die mittlerweile eine Einheit mit dem Silbersee bildet. Heute badet man hier in türkis leuchtendem, glasklarem Wasser. Um den See herum laden feuchte Auen zu Spaziergängen entlang von alten Flussläufen ein. Schon auf dem Weg vom Parkplatz zum Sandstrand bekommt man auf der Baumallee ein Gefühl dafür, wie wild und ursprünglich der Rhein vor sehr langer Zeit ausgesehen haben muss.

Wem an heißen Sommertagen am Strand zu viel los ist, der kann sich ein Plätzchen auf der Liegewiese suchen oder dem Weg noch ein Stück weiter folgen und es sich in einer der etwas abgelegenen Buchten gemütlich machen. Und während eine Schwanenfamilie anmutig über das blaue Wasser gleitet und Wolkenformationen langsam am Himmel dahinziehen, fühlt sich das Leben bei einer Portion Pommes im Sonnenschein ganz leicht an.

Auto < 60 Min.; ÖV < 105 Min.

LAGE

83 km vom Frankfurter Zentrum

67240 Bobenheim-Roxheim

Anbindung an den ÖV: Roxheim Silbersee, Bobenheim-Roxheim

Silbersee

BADESTELLEN
I Der Badestrand
II Die kleinen Buchten

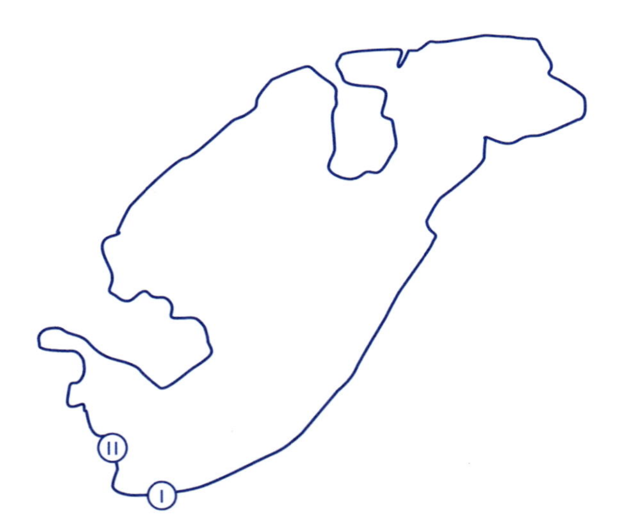

I: 49.571962, 8.378262
II: 49.573350, 8.376263

Blick zum Badestrand

Steinhäuserwühlsee

BADESTELLE
| Das Seefreibad

Blick auf den See

Steinhäuserwühlsee

BADESTELLE
I Das Seefreibad

Der Steinhäuserwühlsee nahe Speyer liegt in einem ehemaligen Kiesabbaugebiet und ist von zahlreichen anderen Baggerseen umgeben. Der Eintritt zum Seefreibad kostet drei Euro, die sich aber dank des gepflegten und breiten Sandstrands, des Imbissbüdchens und des sehr flachen Einstiegs in das einladend glitzernde Wasser insbesondere für Familien mit Kindern lohnen. Direkt an den Strand grenzt eine weitläufige Liegewiese, auf der große Weiden an heißen Sommertagen nötigen Schatten spenden.

Wer mit dem Van unterwegs ist, findet auf dem Campingplatz, zu dem das Bad offiziell gehört, auch spontan immer einen freien Platz und kann am nächsten Morgen gleich nach dem Frühstück in aller Ruhe ein paar Bahnen schwimmen.

Auto < 75 Min.; ÖV < 90 Min.

LAGE
108 km vom Frankfurter Zentrum
67346 Speyer
Anbindung an den ÖV: Speyer Nord-West

Flache Einstiege und klares Wasser

Blick über den klaren See

OST

Spielplatz am Seefreibad

Das Seefreibad

SÜD

Steinhäuserwühlsee

BADESTELLE
1 Das Seefreibad

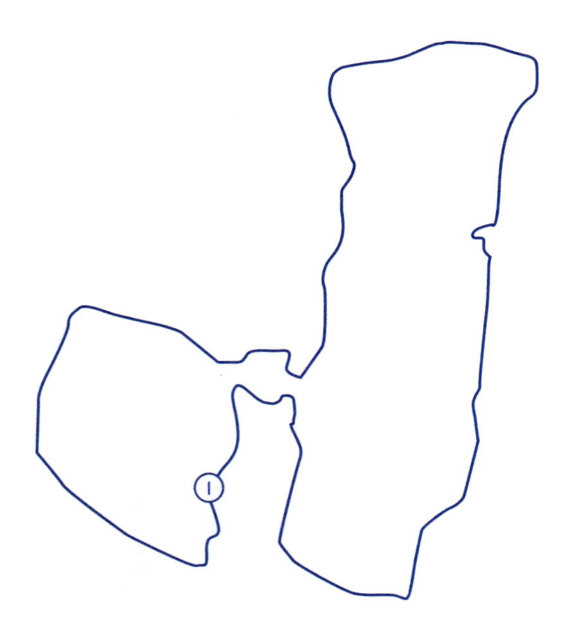

1: 49.339586, 8.443435

Seichtes Wasser

Walldorfer See

BADESTELLEN

I Die Sandstrandbucht

II Auf der Landzunge

Blick über den See

Walldorfer See

BADESTELLEN
I Die Sandstrandbucht
II Auf der Landzunge

Überraschenderweise ist Frankfurt als Metropole und Logistikzentrum von ausgedehnten Waldgebieten umgeben. Einen Katzensprung von Deutschlands größtem Flughafen entfernt liegt der Walldorfer See. In nur 20 Autominuten und weniger als einer Fahrradstunde erreicht man das Naherholungsgebiet südlich von Hessens bevölkerungsreichster Stadt, wo man sich abseits der Einflugschneise umringt von Wäldern eine Auszeit in der Natur nehmen kann.

Da sich mit dem Langener Waldsee ein weiterer Badesee in direkter Umgebung befindet, ist am breiten, abfallenden Sandstrand und in den kleinen Buchten entlang des Uferpfads nicht viel los. Das Wasser ist am Strand besonders seicht, von der Landzunge kann man ebenfalls langsam in den See waten. Nach Feierabend kann man sich hier noch mal schnell abkühlen und dann den Sonnenuntergang zwischen Heidekraut und hohem Schilfgras beobachten.

Auto < 30 Min.; ÖV < 30 Min.

LAGE
14 km vom Frankfurter Zentrum
64546 Mörfelden-Walldorf
Anbindung an den ÖV: Walldorf (Hess)

Auf der Landzunge

Entlang des Wegs

Blick von der Landzunge auf den ausgedehnten See

Die Sandstrandbucht

Walldorfer See

BADESTELLEN
I Die Sandstrandbucht
II Auf der Landzunge

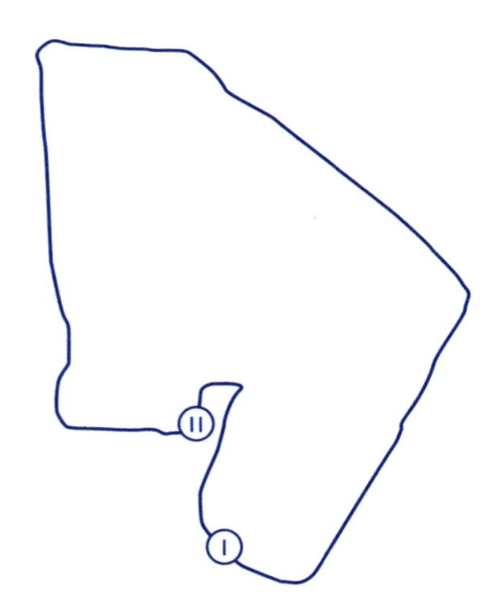

I: 50.012586, 8.597561
II: 50.013731, 8.597170

Weekender *Süden*

Maison Südpfalz 146

HAUS

Maison Südpfalz

LAGE
148 km vom Frankfurter Zentrum
76889 Klingenmünster
Anbindung an den ÖV: Alte Straße, Klingenmünster

OST
SÜD

Maison Südpfalz

UMGEBUNG

A Baggersee Johanneswiese
B Bassin des Mouettes
C Epplesee
D Hainbach
E Mühlweiher
F Seehofweiher

Im idyllischen Erholungsort Klingenmünster unweit der Grenze zu Frankreich steht ein lichtdurchflutetes Architektenhaus. Genau wie die Gastgeber Daniela und Volker Richard kommen auch die verantwortlichen Architekten und Designer alle aus der direkten Umgebung. Gemeinsam haben sie ein nachhaltiges, barrierearmes Ferienhaus für vier bis fünf Personen geschaffen.

Das offene Raumkonzept, die großen Panoramafenster und der Garten bieten Raum, um die vielen Sonnenstunden des milden Südpfälzer Wetters im eingebauten Sitzfenster oder in der Hängematte mit Blick auf die Burg Landeck ideal auszunutzen. Wer im Urlaub gern aktiv ist, findet in der Umgebung neben Wanderrouten, Mountainbiketrails, einer Yogalehrerin und Kletterfelsen auch eine Reihe schöner Badeseen. Im Sommer sorgt eine Außendusche auf der Terrasse für Abkühlung, während im Winter die Sonnendusche mit Infrarotlicht wohlige Wärme beschert.

Die Gastgeber empfehlen neben Ausflugszielen auch gern ihre liebsten Restaurants, Weingüter, Läden, Künstler und Erzeuger, deren regionale Produkte man teils im Haus bewundern und probieren kann.

Auto < 90 Min.; ÖV < 135 Min.

MAISON SÜDPFALZ

OST

BADESTELLEN

I: 49.089903, 8.290211

II: 48.969545, 8.166693

III: 48.992131, 8.230105

IV: 49.241222, 8.046122

V: 49.084600, 7.686946

VI: 49.103554, 7.870535

Gastgeber: Daniela und Volker Richard
In den Schelmengärten 7, 76889 Klingenmünster
+49 176 31158773
Haustiere sind erlaubt.

urlaub@maison-suedpfalz.de
www.maison-suedpfalz.de

Westen

Baggersee Diez-Limburg

BADESTELLEN

I FKK

II An der großen Liegewiese

Blick über den See

Baggersee Diez-Limburg

BADESTELLEN
I FKK
II An der großen Liegewiese

Steg an der großen Liegewiese

Smaragdgrünes Wasser

FKK-Bucht

Bucht an der großen Liegewiese

Weg zum See

Unterhalb imposanter wild bewachsener Steilwände badet man in diesem einzigartigen Baggersee südwestlich von Limburg wie in einem smaragdgrünen Kessel. Auf einer weitläufigen Wiese zwischen dem Fels, der den See im Norden überragt, und der Lahn stellt man sein Auto ab und bewundert die beeindruckende Kulisse bereits auf dem Weg zum Wasser. In einem kleinen FKK-Bereich kann man sich direkt von einer steilen Leiter in den klaren See gleiten lassen.

Wenn man noch ein Stückchen weiterläuft, erreicht man das größere Badeareal mit einer Liegewiese, Rampe, verschiedenen Leitern und einem Sprungturm für Waghalsige. Wer sich dort hinauftraut, um in den riesigen Naturpool zu hüpfen, wird mit einer unvergleichlichen Aussicht über den See, die Felsen und die Siedlung dahinter belohnt. Im Sommer treiben an heißen Tagen unzählige Luftmatratzen und Schwimmtiere auf dem Wasser, die man von einem sonnigen Liegeplatz nahe der Kante beobachten kann.

Auto < 60 Min.; ÖV < 90 Min.

LAGE

81 km vom Frankfurter Zentrum
65624 Altendiez
Anbindung an den ÖV: Auf dem Rödchen, Diez

Baggersee Diez-Limburg

BADESTELLEN
I FKK
II An der großen Liegewiese

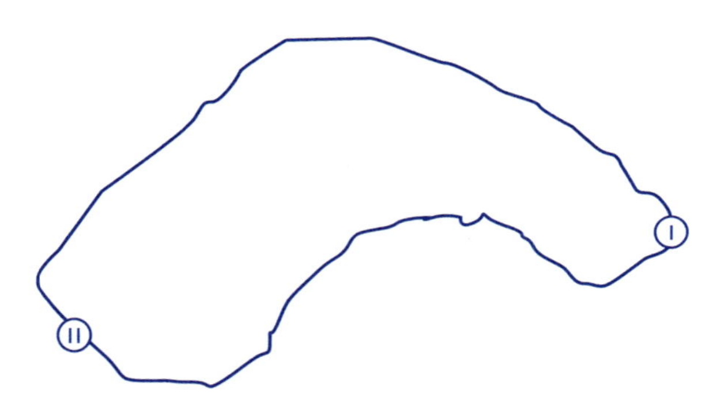

I: 50.370107, 7.994219
II: 50.369673, 7.989958

An der großen Liegewiese

Herthasee

BADESTELLE
| Freibad Herthasee

WEST

Umliegende Landschaft

Uferpromenade

Blick über den See

Entlang des Ufers

Blick auf das Freibad Herthasee

Nach der Ankunft am Herthasee empfiehlt sich erst einmal ein kleiner Rundgang über die alte Eichenallee. Unterwegs eröffnet sich im Süden der Blick auf die weite Landschaft, während es im Westen vorbei an einem kleinen Wäldchen geht. Schließlich mündet der Weg in ein weitläufiges Areal, das mehr an einen Park als an eine Liegewiese erinnert. Sobald man ein lauschiges Fleckchen gefunden und sich eine Weile gesonnt hat, lockt die Schwimminsel zu einem weiteren Sonnenbad. Vom Ufer aus watet man durch seichtes Uferwasser langsam in den See inmitten des Naturparks Nassau.

Durch das Schutzgebiet verläuft eine Vielzahl hervorragender Fernwanderwege, darunter auch der Europäische Fernwanderweg E1, der vom Nordkap bis nach Italien führt. Während man den Tag in diesem kleinen charmanten Seebad in den Ausläufern des südlichen Westerwalds an sich vorüberziehen lässt, träumt man von einer Wanderung durch ganz Europa oder einfach nur von einer Partie Minigolf mit Pizza auf dem Platz nebenan.

Auto < 60 Min.; ÖV < 120 Min.

LAGE

92 km vom Frankfurter Zentrum
56379 Holzappel
Anbindung an den ÖV: Herthasee, Holzappel

Herthasee

BADESTELLE
I Freibad Herthasee

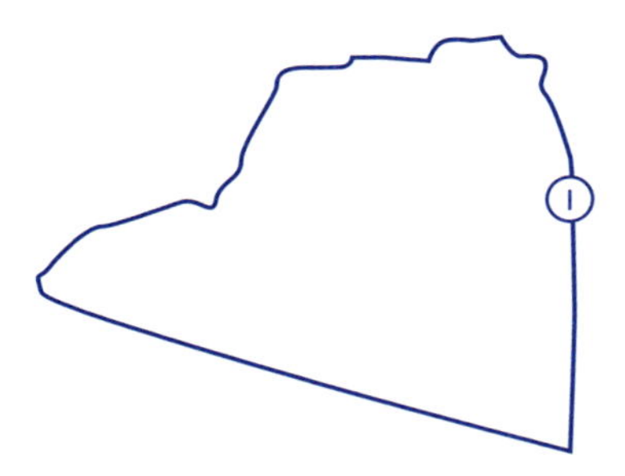

I: 50.360751, 7.901525

Alter Baumbestand am Ufer

Waldschwimmbad Rüsselsheim

BADESTELLEN
I Der Sandstrand
II Die Liegewiese

Waldschwimmbad Rüsselsheim

BADESTELLEN
I Der Sandstrand
II Die Liegewiese

Im seenreichen Naturschutzgebiet Mönchbruch südwestlich des Frankfurter Flughafens fühlen sich neben vielen seltenen Tier- und Pflanzenarten auch Badeliebhaber wohl. Hier tummeln sich im naturbelassenen Waldschwimmbad Rüsselsheim Schwimmer im angenehm frischen Wasser, während am Sandstrand Sonnenliebhaber in der Sonne liegen und ein Buch aus der Büchertelefonzelle am Eingang lesen.

An heißen Tagen lockt die Wiese gegenüber mit Schattenplätzen, die man über den linker Hand verlaufenden Weg hinter den Umkleidekabinen findet. Eine Treppe führt hier direkt ins Wasser. Nach ein paar entspannten Stunden auf dem Handtuch oder einem sportlicheren Tag auf dem Beachvolleyballfeld oder an der Tischtennisplatte kann man sich mit einem kalten Getränk vom Kiosk an den Strand setzen und die Sicht auf den See im sich wandelnden Abendlicht genießen.

Auto < 30 Min.; ÖV < 60 Min.

LAGE
28 km vom Frankfurter Zentrum
65428 Rüsselsheim am Main
Anbindung an den ÖV: A.-von-Menzel-Straße, Rüsselsheim

Blick auf den Sandstrand

Blick über den See

Am Sandstrand

Umliegende Wälder

Waldschwimmbad Rüsselsheim

BADESTELLEN
I Der Sandstrand
II Die Liegewiese

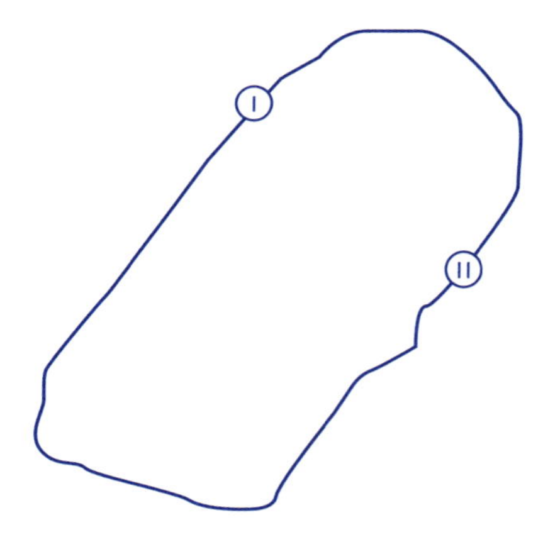

I: 49.994000, 8.453677
II: 49.993165, 8.455163

Waldsee Argenthal

BADESTELLEN
I Die Strandbucht mit Liegewiese
II Die kleine Liegewiese

Blick über den See

Waldsee Argenthal

BADESTELLEN

I Die Strandbucht mit Liegewiese

II Die kleine Liegewiese

An der abgelegenen Liegewiese

Bucht mit Liegewiese

Blick über den See

Kleine Landzunge entlang des Ufers

Die Strandbucht mit Liegewiese

Für einen Ausflug in den Hunsrück sollte man sich Zeit nehmen: Auf den gewundenen Landstraßen durch das Mittelgebirge kann man sich bei einer kleinen Spritztour ruhig mal ein bisschen verfahren. Vielleicht entdeckt man dabei eine der vielen kleinen Weinkellereien, die der Gegend ein beinahe französisches Flair verleihen. Von der Hauptstraße des Dorfes Argenthal folgt man schließlich der kleinen Waldseestraße bis an ihr Ende, um sich an einem stillen, naturbelassenen Badesee wiederzufinden, der seinem Namen alle Ehre macht.

Mitten im Wald kann man hier mit einer überschaubaren Anzahl anderer Besucher baden – dabei stören einen weder Hunde noch Boote, SUPs oder Grillbegeisterte. Der kleine Sandstrand mit flachem Zugang und Picknickwiese bietet sich besonders für Familien an, während weiter im Süden auch eine Holzterrasse mit Treppe ins Wasser lockt. Um den See führt ein Pfad zwischen Bäumen hindurch und über Wurzeln, auf dem man eine komplette Runde drehen kann. Im sanften Licht der Sonnenstrahlen, die durch das Laub glitzern, fallen einem nachmittags langsam die Augen zu, und ein letztes Bad im frischen Waldsee weckt müde Geister danach wieder auf.

Auto < 75 Min.; ÖV < 165 Min.

LAGE
100 km vom Frankfurter Zentrum
55496 Argenthal
Anbindung an den ÖV: Bäckerei Rupp, Argenthal

Waldsee Argenthal

BADESTELLEN

I Die Strandbucht mit Liegewiese

II Die kleine Liegewiese

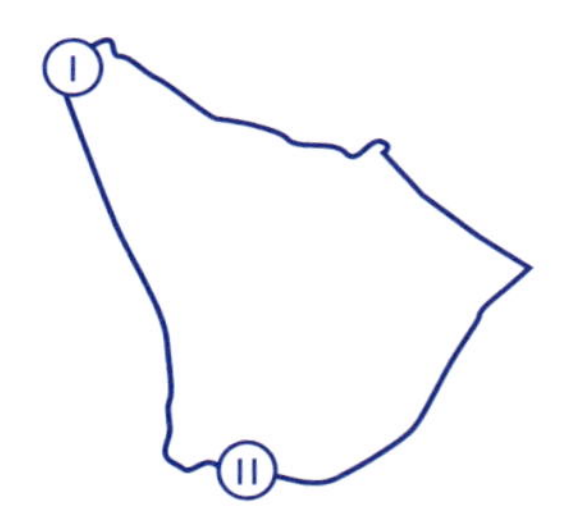

I: 49.959216, 7.595566

II: 49.957782, 7.596210

Weekender *Westen*

HAUS

Bleibe in der alten Kirche

LAGE

154 km vom Frankfurter Zentrum

54470 Bernkastel-Wehlen

Anbindung an den ÖV: Wehlen Kirche, Bernkastel-Kues

OST
SÜD

Bleibe in der alten Kirche

UMGEBUNG
A Meerfelder Maar
B Mosel
C Pulvermaar
D Steinbachtalsperre

Hinter Main und Rhein erreicht man im Westen Frankfurts nach einer schönen Fahrt durch Taunus oder Hunsrück die Mosel. Im kleinen Weinort Wehlen steht wenige Meter vom Flussufer entfernt eine über 350 Jahre alte Kirche mit Blick auf die Weinlage Wehlener Sonnenuhr.

Wer hier mit einer großen Gruppe einen Wein- und Wanderurlaub oder eine Seminarwoche verbringen will, kann sich auf die einzigartige Bleibe in der alten Kirche von Gastgeberin Anke Nuxoll-Oster freuen. Bis zu 26 Personen finden in der komplett sanierten Kirche Platz, die trotz heller, moderner Einrichtung und einer sehr geräumigen Küche im Industriestil mit vielen charakteristischen Elementen wie freigelegtem Mauerwerk, alten Beschlägen, riesigen Bogenfenstern und ausladenden Gewölbedecken aufwartet.

Noch größere Gruppen können das Feuerwehrhaus auf demselben Grundstück für bis zu sechs weitere Personen dazumieten, um im großen Kreis die Umgebung mit der Burg Landshut, der Altstadt von Bernkastel-Kues mit ihren berühmten Fachwerkhäusern und Jugendstilvillen, dem Moselsteig und den unzähligen erstklassigen Riesling-Weingütern zu erkunden. Im Sommer kann man sich bei einem Ausflug in die nahe Vulkaneifel im Meerfelder Maar oder Pulvermaar abkühlen.

Auto < 120 Min.; ÖV < 240 Min.

OST

BADESTELLEN

I: 50.100992, 6.762986

II: 50.131668, 6.930233

III: 50.588026, 6.831559

Gastgeberin: Anke Nuxoll-Oster
Brückenstraße 15, 54470 Bernkastel-Wehlen
+49 221 4009026
Haustiere sind erlaubt.

info@bleibe.de
www.bleibe.de

PENSION

Liegenschaft Guesthouse

LAGE
60 km vom Frankfurter Zentrum
65375 Oestrich-Winkel
Anbindung an den ÖV: Oestrich-Winkel

Liegenschaft Guesthouse

UMGEBUNG
A Rhein

Zwischen kleinen Weinkellereien und einem hauseigenen Weingarten beherbergt ein ehemaliges Weingut aus dem Jahr 1888 heute ein mediterran-orientalisch eingerichtetes Gästehaus. Warm und gemütlich wirken die einladenden Räume dank knarrender originaler Holzdielen und bunter Kelims, Kissen und Fliesen.

2014 haben Marion und Cornel Frey mit viel Leidenschaft und einzigartigen Souvenirs von Antikmärkten und Basaren aus aller Welt acht Zimmer und Apartments ausgestattet, deren Namen so individuell anmuten wie ihr Design. Ob im Doppelzimmer Goldatzel, der Sommerremise Honigberg oder dem Studio Vogelsang: Wer großzügige offene Bäder und rustikale Möbel mag, findet in der Liegenschaft die passende Unterkunft für einen Genießerurlaub im Rheingau.

Auf der Gartenterrasse der zugehörigen Café- und Weinbar Cornel's im Erdgeschoss beginnt der Tag mit einem reichhaltigen Frühstücksbuffet, bevor man zu der ein oder anderen Weinprobe, einer Wanderung in den Weinbergen oder einer Schiffstour durch das Mittelrheintal aufbricht. Im Sommer ruft das Rheinstrandbad in Ingelheim nachmittags zur Abkühlung; am Abend trinkt man mit Blick auf den Fluss ganz im Sinne der Gastgeber, die hier einen Ort der Entspannung und Lebensfreude bieten wollen, noch ein Gläschen lokalen Wein. Als Souvenir kann man sich vor der Heimfahrt das von den Freys in Apulien selbst hergestellte Olivenöl mitnehmen.

Auto < 45 Min. ; ÖV < 75 Min.

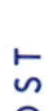

BADESTELLEN

I: 50.100992, 6.762986

Gastgeber: Marion und Cornel Frey
Hauptstraße 37, 65375 Oestrich-Winkel
Haustiere sind nicht erlaubt.

mail@liegen-schaft.de
www.liegen-schaft.de

HAUS

Neugrad

LAGE
236 km vom Frankfurter Zentrum
53937 Schleiden
Anbindung an den ÖV: Vogelsang | IP Kulturkino, Schleiden

Neugrad

UMGEBUNG
A Oleftalsperre
B Rursee
C Urfttalsperre

Die etwas längere Anreise zu diesem kleinen Cabinpark mitten in der wilden Natur des Nationalparks Eifel lohnt sich. Frederik Eichen und Frank Zweigner, die schon seit dem Studium befreundet sind, haben Mitto Architekten aus Hamburg beauftragt, südlich der Urfttalsperre sieben kantige Cabins aus ökologischen Baustoffen zu bauen, die sie dann selbst als schlichte Zwei- oder Vierpersonenunterkünfte eingerichtet haben. Großzügige Fensterfronten holen die grüne Umgebung in die gemütlichen Häuschen, die dank zentralem Kamin, verschiedenen eingebauten Sitz- und Liegegelegenheiten und Sauna auch im Winter zu einer Auszeit rufen.

In der warmen Jahreszeit erreicht man den Rursee, der sich wie ein Fluss durch den Nationalpark schlängelt, in wenigen Autominuten, oder man packt den Rucksack für eine entspannte Tageswanderung durch die umgebenden Wiesen, Täler und Wälder. Direkt neben den Cabins befindet sich am Ufer der Urfttalsperre die ehemalige Ordensburg Vogelsang, die heute als Sportanlage, Gedenkstätte und Naturmuseum öffentlich zugänglich ist. Wer die Geschichte und Natur der Region erkundet und im See und Wald gebadet hat, beobachtet nach dem Abendessen von der Terrasse aus den herrlich strahlenden Sternenhimmel des Lichtschutzgebiets.

Auto < 165 Min.; ÖV < 240 Min.

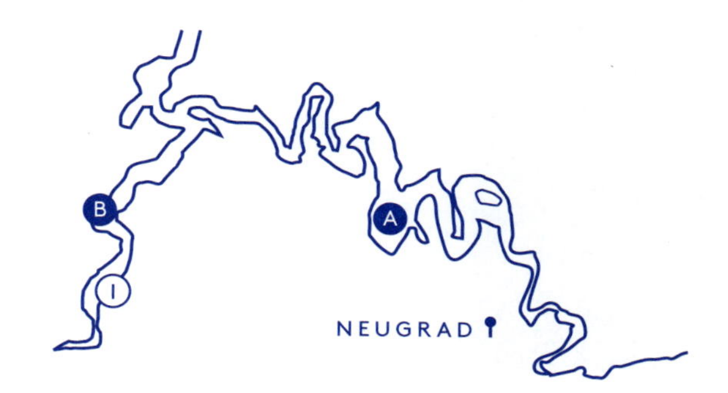

OST

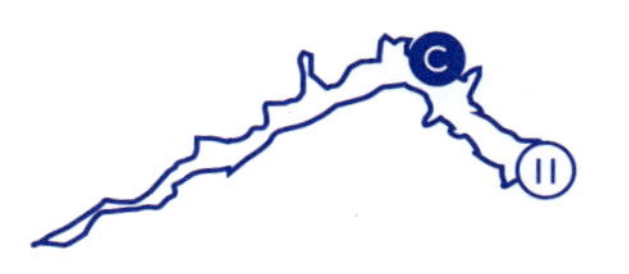

BADESTELLEN

I: 50.604611, 6.381490

II: 50.585198, 6.380659

SÜD

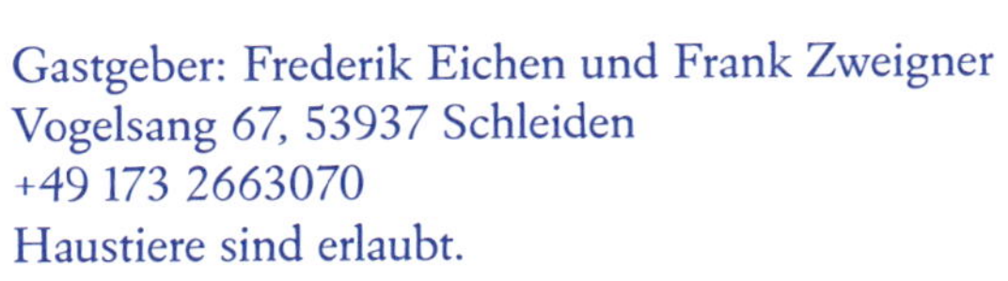

Gastgeber: Frederik Eichen und Frank Zweigner
Vogelsang 67, 53937 Schleiden
+49 173 2663070
Haustiere sind erlaubt.

info@neugrad-eifel.de
www.neugrad-eifel.de

OST

SÜD

Index
Alle Seen & Weekender

A–Z

SEEN

WEEKENDER

OST

Index
Art der Badestellen

Boots- & SUP-Board-Verleih

Camping

Schwimminseln

Stege

Strandbäder

Index
Art der Badestellen

Strände

Wiesen

The Gentle Temper
Design Book Publishing

The Gentle Temper ist ein unabhängiger Berliner Verlag mit Fokus auf Design, Reisen und Kultur. Der Verlag konzentriert sich in seinen Veröffentlichungen auf das Ziel, die Beziehungen zwischen Mensch, Natur und den Dingen, die uns täglich umgeben, ästhetisch ansprechend und kulturell wertvoll zu gestalten.

Seitdem es Städte gibt, besteht die urmenschliche Sehnsucht nach Auszeit – über Geschichten, Eindrücke und Momentaufnahmen will The Gentle Temper auf dieses Bedürfnis reagieren. In einer Epoche des Informationsüberflusses liegt der Fokus deshalb auf der Präsentation ausgewählter Nischenpublikationen, die haptischen Lesegenuss und Entschleunigung versprechen.

Dabei setzt The Gentle Temper auf die Stärken von Print, will aber gleichzeitig die digitale Gegenwart nicht ausblenden: Es geht nicht um die Konkurrenz von Papier und Displays, sondern um die Verknüpfung und Ergänzung beider Erfahrungswelten.

Aus diesem Grund verwirklicht The Gentle Temper Projekte, die dazu auffordern, selbst unmittelbar aktiv zu werden. Vernetzung und Dialog sind dem Verlag dabei ebenso wichtig wie ein Lesegefühl, das mehr verlangt als kurzes Scrollen. Auf der Suche nach diesen Augenblicken bietet sich The Gentle Temper als Begleiter an.

Zusatzinformationen

Alle Informationen zur Wasserqualität, die in diesem Buch abgedruckt wurden, entstammen den in den Badegewässerprofilen angegebenen amtlichen Untersuchungsergebnissen der Gesundheitsämter der Kreise und kreisfreien Städte, die gemäß der EG-Badegewässerrichtlinie und der hessischen Badegewässerverordnung erstellt worden sind. Für Angaben zur Wasserqualität und Sichttiefe können wir daher keine Haftung übernehmen. Für weitere Informationen bietet die Internetseite des Hessischen Landesamts für Naturschutz, Umwelt und Geologie einen Überblick:
www.hlnug.de/themen/wasser/seen-und-badegewaesser

Für Besuche an den von uns vorgestellten Seen übernehmen wir keine Haftung. Obwohl das Schwimmen, wenn nicht anders erwähnt, an allen aufgeführten Stellen aktuell erlaubt beziehungsweise geduldet ist, sind Änderungen vorbehalten. Bitte achtet vor dem Betreten des Wassers darauf, dass das Baden gestattet ist. Für eure Sicherheit seid ihr selbst verantwortlich.

Danksagung

Die „Frankfurt Edition“ konnten wir nur Dank eines tollen Teams realisieren. Josephine Kaatz, die als freie Journalistin und Fotografin in Leipzig lebt und uns auch schon bei der Erstellung der Leipzig- und Schwarzwald-Editionen begleitete, hat die Seen gescoutet und fotografiert. Sie verbrachte einige Sommer ihrer Kindheit an den Baggerseen und in den Strandbädern im Umland von Frankfurt. So entstand die Idee, diese Region im Rahmen unserer *Take Me to the Lakes*-Reihe vorzustellen und neu zu entdecken. Die schönen Texte und Naturbeschreibungen stammen von Cyra Pfennings und Johannes Schmid von In Other Words. Und wie bereits bei allen anderen Editionen stand Robert Strack uns bei der Produktion zur Seite.

Wir möchten uns an dieser Stelle ganz herzlich für die Zusammenarbeit bedanken und freuen uns auf weitere Projekte mit euch,
Karo & Nils

Bildnachweise

Fotografien Seen: Josephine Kaatz
Coverbild: Königsee Zellhausen, Osten, S. 78

Fotografien Weekender:
Nord
S. 42 Das Hilla | Bildrechte: Harry Soremski
S. 48 Luchs Lindenberg | Bildrechte: Ingmar Kurth;
Architekten: Ubin Eoh, Studio Aberja
Ost
S. 86 Das Haus am See | Bildrechte: Timmy Hargesheimer
Süd
S. 146 Maison Südpfalz | Bildrechte: Hans-Georg Merkel;
Architekten: Jens Huck, Birgit Tisch, Anke Rau-Dresselhaus, Claudia Frey,
Rainer Söllner
West
S. 178 Bleibe in der alten Kirche | Bildrechte: Andreas Scholer, Tonimedia
S. 184 Liegenschaft Guesthouse | Bildrechte: Jonas Werner-Hohensee,
Thomas Stoll
S. 190 Neugrad | Bildrechte: Salomon Gut, Marina Schammler;
Architekten: Mitto Architekten Hamburg

Impressum

Dieses Buch wurde von The Gentle Temper konzipiert, gestaltet und herausgegeben.

Herausgeber
Karolina Rosina-Meisen und Dr. Nils D. Kraiczy

Verlag
The Gentle Temper GmbH & Co. KG
Alte Schönhauser Straße 35, 10119 Berlin
www.thegentletemper.com, www.takemetothelakes.com

Text und Lektorat
Cyra Pfennings und Johannes Schmid, In Other Words

Fotografie
Josephine Kaatz

Creative Direction
Karolina Rosina-Meisen

Druck
Europrint Medien GmbH, Berlin

Schriftarten
Eldorado, Brown, GT America

ISBN: 978-3-947747-18-4
Take Me to the Lakes–Frankfurt Edition
1. Auflage, Juli 2022

Made in Berlin

Die Deutsche Nationalbibliothek verzeichnet diese Publikation in der Deutschen Nationalbibliografie; detaillierte bibliografische Daten sind im Internet über http://dnb.dnb.de abrufbar.
Gedruckt auf PEFC-zertifiziertem Papier aus verantwortungsvollen Quellen.

SEEN-REIHE

Wie findet man heraus, welcher See einen Ausflug wirklich wert ist?
Wo hat man den schönsten Blick ins Grüne? Wo ist das Wasser am klarsten?
Das sind nur einige der Fragen, die unsere Seen-Bücher beantworten.

BERLIN

MÜNCHEN

HAMBURG

LEIPZIG

SCHWARZ-
WALD

DÜSSELDORF

KÖLN

FRANKFURT

WEEKENDER-REIHE

Wer in einer Stadt wie *Berlin, München* oder *Hamburg* wohnt, weiß nur zu gut, wie erholsam Urlaub im Grünen sein kann – und deswegen haben wir die schönsten Unterkünfte in unseren Weekender-Editionen gesammelt.

BERLIN
VOL. I

BERLIN
VOL. II

MÜNCHEN

HAMBURG

Blog www.takemetothelakes.com
Shop www.thegentletemper.com
takemetothelakes

THE GENTLE TEMPER